Por el CAMINO de los VAQUEROS

Heather E. Schwartz

Asesora

Jennifer M. Lopez, NBCT, M.S.Ed.
Coordinadora superior, Historia/Estudios sociales
Oficina de currículo e instrucción
Escuelas Públicas de Norfolk

Créditos de publicación

Rachelle Cracchiolo, M.S.Ed., *Editora comercial*
Emily R. Smith, M.A.Ed., *Vicepresidenta superior de desarrollo de contenido*
Véronique Bos, *Vicepresidenta de desarrollo creativo*
Caroline Gasca, M.S.Ed., *Gerenta general de contenido*
Robin Erickson, *Directora superior de arte*

Créditos de imágenes: portada, pág.1 Library of Congress [LC-DIG-ppmsca-17855]; pág.4, pág.5, pág.14, pág.16, pág.17, pág.32 North Wind Picture Archives; pág.6 Granger Academic; pág.7 (inferior) LOC [LC-USF33-003139-M3]; pág.7 (superior) Digital Press Photos/Newscom; pág.9 (superior) LOC [LC-DIG-ppmsca-19520]; pág.9 (inferior), pág.11 (superior), pág.15 (derecha) U.S. National Archives; pág.10 (superior) LOC [LC-DIG-pga-03472]; pág.10 (inferior) LOC [LC-DIG-pga-0184]; pág.11 (inferior) LOC [LC-DIG-stereo-1s02762]; pág.12 Chronicle/Alamy; pág.13, pág.28 North Wind Picture Archives/Alamy; pág.15 (izquierda) LOC [LC-DIG-ppmsca-11406]; pág.18 (superior) Kansas Historical Society; pág.18 (inferior), pág.26 (superior), pág.27 Peter Newark American Pictures/Bridgeman Images; pág.19 Fort Worth Star-Telegram/MCT a través de Getty Images; pág.21 cortesía de Texas Memorial Museum; pág.22 Bettmann/Getty Images; pág.23 DeGolyer Library, Southern Methodist University; pág.24 (superior) Texas Tech University; pág.24 (inferior) Documenting the American South, The University Library of the University of North Carolina at Chapel Hill; pág.25 Texas State Historical Association; pág.29 (superior) LOC [LC-DIG-ppmsca-13514]; todas las demás imágenes cortesía de iStock y/o Shutterstock.

Library of Congress Cataloging in Publication Control Number: 2024061983

Se prohíbe la reproducción y la distribución de este libro por cualquier medio sin autorización escrita de la editorial.

5482 Argosy Avenue
Huntington Beach, CA 92649
www.tcmpub.com
ISBN 979-8-3309-0211-8
© 2025 Teacher Created Materials, Inc.

Tabla de contenido

Un nuevo estado 4

Los inicios de la ganadería 6

La guerra de Secesión 8

La reconstrucción del Sur 14

La vida de los vaqueros 22

El fin de una era 28

Glosario 30

Índice 31

¡Tu turno! 32

Un nuevo estado

Los vaqueros han formado parte de la cultura popular durante mucho tiempo. Es común ver **arreos** de ganado en las películas y los libros sobre el Oeste. No son temas nuevos. Por el contrario, la historia de los vaqueros y los arreos de ganado se desarrolló a lo largo de cientos de años. Todo comenzó en Texas.

En 1836, Texas declaró su independencia de México. El territorio pasó a ser una república libre durante los siguientes nueve años. En 1845, Texas se anexó, o se sumó, a Estados Unidos. De esta manera, se convirtió en el estado número 28 de la Unión.

Texas se incorporó como estado esclavista. La Constitución de Texas de 1845 autorizaba la esclavitud. Al igual que otros estados del Sur, la economía de Texas dependía mucho del algodón. La nación tendría que pasar por una guerra para que el Sur pudiera librarse de la esclavitud.

personas esclavizadas cosechando algodón

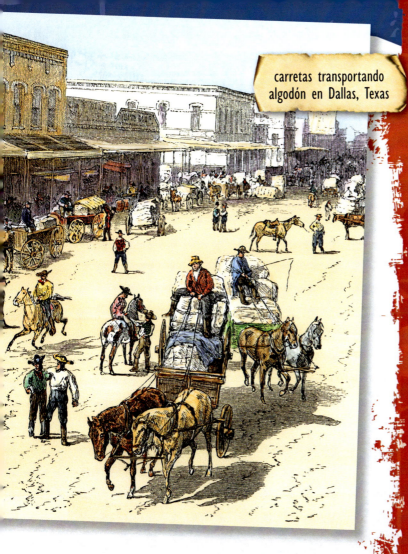

carretas transportando algodón en Dallas, Texas

Compromiso de 1850

El Compromiso de 1850 resolvió brevemente el conflicto entre el Norte y el Sur. Texas renunció a algunas tierras del oeste a cambio de $10 millones. Para mantener el equilibrio entre los estados esclavistas y los estados libres, California ingresó en la Unión como estado libre. Y para complacer al Sur, el Congreso aprobó una versión más estricta de la Ley de Esclavos Fugitivos.

Ley de Esclavos Fugitivos

La Ley de Esclavos Fugitivos ordenaba que todas las personas esclavizadas que se habían escapado y vivían en los estados del Norte debían ser devueltas a sus esclavizadores en el Sur. Los **antiesclavistas** se opusieron firmemente a esta ley. Sentían que los estaban obligando a colaborar con el sistema esclavista.

Tras la guerra de Secesión, Texas consolidó su identidad. Los ganaderos y los vaqueros texanos ayudaron a marcar el rumbo. Desde la época **prebélica** hasta hoy, la industria ganadera ha desempeñado un papel importante en el desarrollo del Sur y del país en su conjunto.

5

grabado de 1840 que muestra a unos vaqueros mexicanos enlazando el ganado

Los inicios de la ganadería

La ganadería tiene una larga historia en Estados Unidos. Comenzó a finales del siglo XVII. Los españoles llevaron ganado *longhorn* (cuernos largos) a Texas para alimentar a sus soldados y **misioneros**. El ganado *longhorn* era fuerte y de gran tamaño. Los animales adultos solían pesar unas 1,200 libras (544 kilogramos). ¡Tenían cuernos de hasta siete pies (más de dos metros)!

Los mexicanos que vivían en el territorio de Texas eran expertos en el manejo del ganado. Esos vaqueros utilizaban herramientas especiales para atrapar el ganado. Una de ellas era la *reata*, o lazo. Se trataba de una cuerda larga con un nudo corredizo. Los vaqueros mexicanos llevaban la reata cerca del **cuerno** de la montura. Eran trabajadores hábiles y valientes.

Los primeros vaqueros estadounidenses eran parecidos a los vaqueros mexicanos y tenían las mismas costumbres. Cuando comenzaron a llegar a Texas personas de otras partes de Estados Unidos, los vaqueros mexicanos les enseñaron a manejar el ganado. También les transmitieron sus valores. En las décadas de 1840 y 1850, los ganaderos de Texas solían estar a cargo de pequeños emprendimientos que proveían carne vacuna a compradores locales. Durante muchos años, la ganadería no fue más que una pequeña parte de la economía de Texas. Pero más adelante la industria ganadera experimentaría un **auge**. Este cambio llegó de la mano de una guerra.

John Wayne se hizo famoso actuando en películas de vaqueros.

Mitos sobre los vaqueros

En los libros y las películas, los vaqueros suelen ser hombres blancos sureños. En realidad, la mayoría de los vaqueros de Texas eran mestizos. La palabra *mestizo* se usa para describir a una persona de origen mixto, especialmente a alguien que tiene ancestros españoles e indígenas.

La reata

Reata quiere decir "cuerda". Era un término utilizado por los vaqueros que hablaban español. Una reata era cualquier tipo de cuerda.

cuerno de la montura y reata

La guerra de Secesión

Durante décadas, el tema de la esclavitud había estado en el foco de la política estadounidense. Cada vez que se creaba un nuevo estado, surgía la misma pregunta: ¿será un estado esclavista o libre? La **brecha** entre el Norte y el Sur se agrandaba año tras año.

En noviembre de 1860, Abraham Lincoln fue elegido presidente. Lincoln estaba en contra de que la esclavitud se expandiera hacia el oeste. Varios estados esclavistas se separaron de la Unión y formaron los Estados Confederados de América. Declararon que, a partir de ese momento, todos los fuertes de la Unión que se encontraban en el Sur pertenecían a la Confederación. En marzo de 1861, las tropas confederadas rodearon el fuerte Sumter, en Carolina del Sur. Exigieron a las tropas de la Unión que se marcharan.

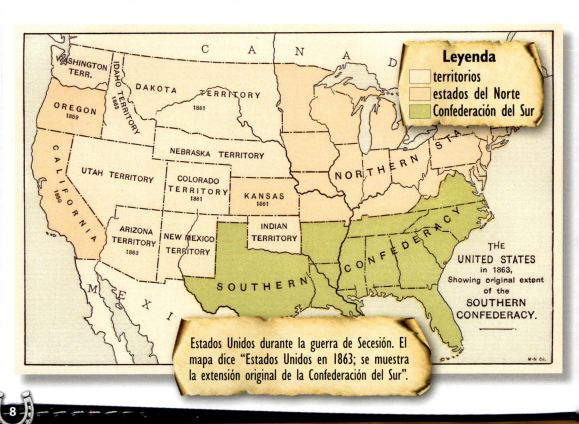

Estados Unidos durante la guerra de Secesión. El mapa dice "Estados Unidos en 1863; se muestra la extensión original de la Confederación del Sur".

el ataque al fuerte Sumter, 1861

Las elecciones de 1860

Casi todos los votos que le dieron la victoria a Lincoln en las elecciones de 1860 provinieron del Norte, el Medio Oeste y el Oeste. Ni un solo estado esclavista lo eligió. Era difícil que lo hicieran, ya que 10 de los 15 estados esclavistas ¡ni siquiera habían puesto su nombre en la boleta!

El jefe del fuerte se negó, de modo que los confederados abrieron fuego. No habían transcurrido ni dos días de lucha cuando las fuerzas de la Unión se rindieron. Según los confederados, se habían visto obligados a atacar porque las tropas de la Unión no se retiraban. La Unión, por su parte, consideraba que los confederados habían iniciado la guerra al atacar un fuerte **federal**. La batalla del fuerte Sumter fue el punto de inflexión entre el Norte y el Sur. En el verano de 1861, todo el Sur se había separado de la Unión. Era el comienzo de la guerra de Secesión.

La muerte solitaria

El 14 de abril, las tropas de la Unión se retiraron del fuerte Sumter haciendo flamear la bandera estadounidense. Las tropas confederadas iniciaron una **salva** de 100 cañonazos para festejar la victoria. Un cañón se disparó antes de tiempo y causó una explosión. Así falleció el soldado de la Unión Daniel Hough. Aunque no murió en batalla, se considera la primera **baja** de la guerra de Secesión.

Desde el fuerte Sumter, la Unión envió este telegrama al secretario de guerra de Estados Unidos para informar sobre el ataque.

El Norte pensó que derrotaría rápidamente al Sur. El general sureño Robert E. Lee se aseguró de que eso no pasara. Durante el primer año, Lee defendió Virginia. Sin embargo, en otros lugares la Unión ganó batallas clave. Ambos bandos estaban en un **punto muerto**. Las tropas del Sur perdían soldados por las heridas que sufrían o por **deserción**. En 1862, el curso de la guerra empezó a cambiar.

En julio, Lincoln preparó un anuncio. Allí decía que los estados **secesionistas** tenían que volver a ser parte de la Unión. Si no lo hacían, se liberaría a todas las personas esclavizadas en esos estados. Lincoln no hizo público el documento de inmediato. No quería que se tomara como una señal de que el Norte estaba perdiendo y se desesperaba por poner fin a la guerra. Por lo tanto, guardó el documento en su escritorio.

Lincoln

Más tarde, en septiembre, se libró la batalla de Antietam. Ambos bandos sufrieron grandes pérdidas, pero Lincoln consideró que era una victoria de la Unión. Fue entonces que hizo público su documento: la Proclamación de Emancipación.

la batalla de Antietam

A pesar de lo que establecía la proclamación, ningún estado del Sur se reincorporó a la Unión. La orden entró en vigor el 1.° de enero de 1863. Los confederados no respetaron la ley, y no se liberó a ninguna persona esclavizada en el Sur. Sin embargo, la proclamación sí permitió que los afroamericanos se alistaran por primera vez en el ejército de la Unión.

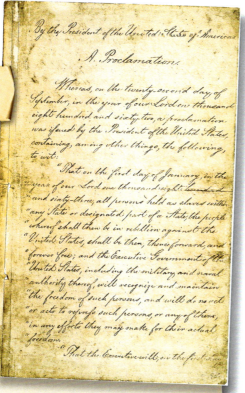

Proclamación de Emancipación

soldados de la Unión que habían estado esclavizados

Antietam

Unos 132,000 soldados se enfrentaron en las primeras horas del 17 de septiembre de 1862 en la batalla de Antietam. En un solo día, hubo casi 23,000 bajas. Al día siguiente, los soldados de ambos bandos estaban demasiado heridos para luchar. En la noche del 18 al 19 de septiembre, Lee y sus hombres **se replegaron**. Oficialmente, el día más sangriento de la historia militar estadounidense terminó en un empate. Pero como Lee se replegó, para Lincoln terminó siendo una victoria de la Unión.

En las Fuerzas Armadas

Más de 200,000 hombres afroamericanos se alistaron en el ejército y la marina de la Unión. Estos valientes enfrentaban un riesgo adicional que los soldados blancos no corrían: si eran capturados en el Sur, podían ser esclavizados.

Libertad al fin

El 1.º de julio de 1863, las fuerzas de la Confederación y de la Unión se enfrentaron en la batalla de Gettysburg. El combate duró tres días. Cuando terminó, una cuarta parte de los soldados de la Unión y la mitad de los soldados de la Confederación estaban heridos de gravedad o habían muerto.

En 1865, la Unión ganaba ampliamente la guerra. Las tropas de la Unión habían debilitado las ya reducidas fuerzas de Lee. El 25 de marzo, Lee intentó atacar a las tropas de la Unión en el fuerte Stedman, en Virginia. El plan fracasó y Lee se vio obligado a replegarse mientras el ejército de la Unión lo perseguía. Después de recorrer 88 millas (142 kilómetros), las fuerzas de la Confederación se quedaron sin alimentos. Lee se rindió el 9 de abril en Appomattox Court House, Virginia.

la batalla de Gettysburg

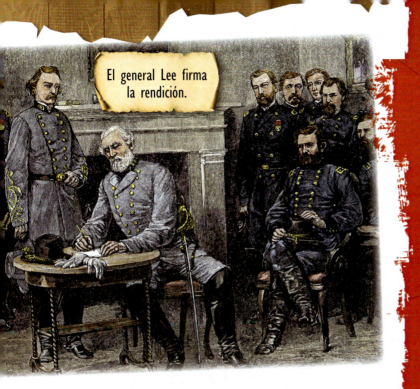

El general Lee firma la rendición.

Aunque Lee solo firmó la rendición de sus tropas, el resto del ejército confederado no tardó en seguir sus pasos. Los últimos puertos de la Confederación fueron entregados el 2 de junio. La guerra de Secesión había terminado.

Los historiadores no tienen cifras precisas sobre la guerra de Secesión. Sin embargo, se estima que alrededor de 1,556,000 soldados sirvieron a la Unión. Aproximadamente uno de cada cuatro murió. Cerca de 800,000 soldados formaron parte del ejército de la Confederación. Aproximadamente uno de cada tres murió. Al final de la guerra, el dos por ciento de los estadounidenses había muerto como resultado directo del enfrentamiento.

El discurso de Lincoln

El 19 de noviembre de 1863, el presidente Lincoln asistió a un funeral en el campo de batalla de Gettysburg. Allí pronunció un discurso de 272 palabras llamado "discurso de Gettysburg". Lincoln se preguntaba si Estados Unidos podría volver a ser una nación unida. Pidió que ambos bandos recordaran las ideas de libertad e igualdad legadas por los Padres Fundadores. El discurso fue muy elogiado y enseguida se volvió famoso en todo el mundo.

La rendición de Lee

La rendición del general Lee ante el general de la Unión Ulysses S. Grant tomó apenas unos 90 minutos. Grant ordenó detener los cañonazos de celebración. Además, se ofreció a alimentar a las tropas de Lee y no arrestó a nadie. La guerra más sangrienta de la historia de Estados Unidos terminó de manera pacífica.

La reconstrucción del Sur

Las muertes y la destrucción que dejó la guerra de Secesión tuvieron efectos duraderos en todo el país. Estados Unidos atravesó muchos cambios. Este período de transformaciones después de la guerra se llamó Reconstrucción.

En la primavera de 1865, el ejército estadounidense tomó el control de los once estados del Sur. El objetivo era proteger a los afroamericanos **emancipados**, o liberados. La libertad creó nuevos tipos de relaciones entre las personas blancas y negras en el Sur. Muchos estadounidenses blancos no trataban como iguales a las personas que habían estado esclavizadas. El gobierno quería asegurarse de que el Sur fuera leal a la nación y respetara las nuevas maneras de vivir.

Los hombres negros votan en el Sur por primera vez.

Algunos de estos soldados búfalo llevan abrigos hechos con piel de búfalo.

Flipper

Pionero

Henry O. Flipper nació esclavizado en 1856. En 1877, fue el primer afroamericano en graduarse de la Academia Militar de Estados Unidos en West Point. También se convirtió en el primer oficial afroamericano en dirigir a los soldados búfalo.

En 1866, se incorporaron al ejército estadounidense cuatro **regimientos** de tropas afroamericanas. Estos soldados ayudaron a reconstruir el país e hicieron cumplir las nuevas reglas. Los indígenas norteamericanos los llamaban "soldados búfalo". No se sabe bien por qué les decían así. Podría ser porque algunos de los soldados llevaban abrigos de piel de búfalo. O tal vez se debía a que solían luchar ferozmente, como los búfalos. Sea como fuere, los soldados búfalo contribuyeron a que la nueva nación se mantuviera unida.

Nuevos agricultores

Durante la Reconstrucción, surgió un sistema conocido como *aparcería*. Los agricultores pobres podían arrendar tierras a los terratenientes ricos. Les pagaban con las cosechas que obtenían. Lamentablemente, los terratenientes cobraban muy caro el alquiler de las herramientas, lo que obligaba a los agricultores a **endeudarse**.

15

El auge de la industria ganadera

Unos vaqueros conducen el ganado de Texas a Kansas en la década de 1870.

La industria ganadera de Texas empezó a crecer durante la Reconstrucción. Antes de la guerra de Secesión, ya se realizaban arreos de ganado, pero durante la guerra se había bloqueado el acceso a las ciudades del Norte y del Este. Tras la guerra, los ganaderos texanos vieron la oportunidad de abrir de nuevo los caminos. En Texas, cada **cabeza de ganado** valía entre $5 y $10. (Eso si conseguían a alguien que la comprara). Sin embargo, los habitantes de las ciudades del Norte, como Chicago y Cincinnati, pagaban $40 por esa misma cabeza de ganado. El ganado valía aún más en el Oeste. ¡Los mineros de oro de San Francisco pagaban hasta $200 por cabeza!

Así fue que, en 1866, los ganaderos empezaron a contratar vaqueros para que condujeran el ganado a otros estados, donde se vendía a precios más altos. Les interesaba que su ganado cruzara las fronteras de Texas para ganar más dinero. En poco tiempo, los caminos ganaderos se poblaron de cientos de miles de animales que eran arreados fuera del estado.

Cocineros y vaqueros

Los vaqueros que dirigían los arreos de ganado, llamados "caporales", eran los que ganaban más dinero. Recibían unos $100 por cada mes de viaje. El siguiente puesto mejor pago era el del cocinero, que ganaba unos $60 por mes.

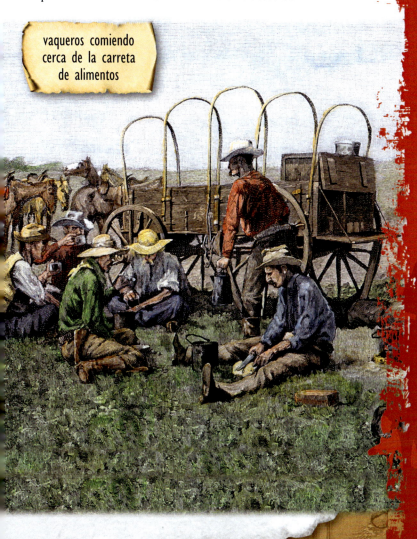

vaqueros comiendo cerca de la carreta de alimentos

La cocina de Charles

En 1866, el ganadero Charles Goodnight creó una cocina portátil llamada *chuck wagon* para llevarla a lugares más alejados. Esta carreta transportaba mantas, faroles, comida, café, agua, utensilios de cocina y otros elementos útiles. Quien estaba a su cargo era el cocinero. Cada noche, antes de irse a dormir, se encargaba de girar la carreta hacia la estrella polar para que el caporal pudiera decidir en qué dirección seguir por la mañana.

El Camino de Chisholm

A medida que los arreos de ganado se volvieron más comunes, los vaqueros comenzaron a trazar nuevos caminos. Uno de ellos fue el Camino de Chisholm.

En 1865, dos hombres llamados Jesse Chisholm y James R. Mead abrieron un puesto comercial en la actual ciudad de Oklahoma. Quienes trasladaban el ganado pasaban por allí con frecuencia, así que el puesto se hizo popular. Pronto se convirtió en un punto de conexión entre las **haciendas** de Texas y los mercados de Kansas. Al poco tiempo, se formó un camino. Comenzaba al sur de San Antonio, Texas, y seguía hacia el norte pasando por Oklahoma. Terminaba en Abilene, Kansas. En 1867, se abrió una nueva terminal de ganado junto al ferrocarril de Kansas. De repente, el Camino de Chisholm (como pasó a conocerse) se llenó de vaqueros y de ganado. Entre 1867 y 1871, cerca de 1.5 millones de cabezas de ganado fueron arreadas por el Camino de Chisholm.

Chisholm

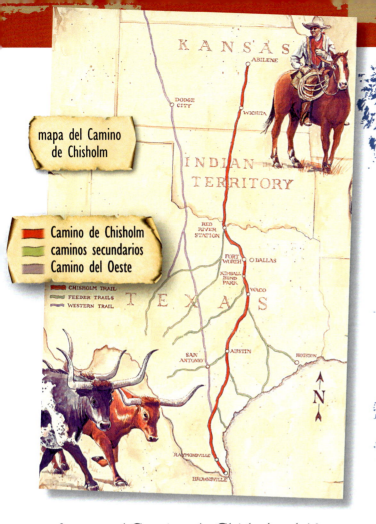

mapa del Camino de Chisholm

Camino de Chisholm
caminos secundarios
Camino del Oeste

Luego, el Camino de Chisholm dejó de usarse con tanta frecuencia. Se abrieron otras rutas y nuevas terminales ferroviarias, por lo que el camino perdió importancia. Sin embargo, en la década de 1880, el ferrocarril de Santa Fe llegó a Kentucky. Los vaqueros comenzaron a utilizar el Camino de Chisholm para llegar al ferrocarril y transportar ganado hacia el norte. El camino siguió activo hasta que dejaron de hacerse los arreos de ganado a largas distancias.

Un hombre capaz

Jesse Chisholm trabajó como comerciante la mitad de su vida. Dado que se relacionaba con muchos tipos de personas, hablaba y entendía más de 10 idiomas. Se convirtió en un guía y traductor reconocido. Durante la guerra de Secesión, trabajó con tribus indígenas locales en representación de la Confederación y como traductor para la Unión.

La fiebre de Texas

Los granjeros de Kansas comenzaron a quejarse de que el ganado de Texas estaba enfermando a sus animales. Ante la llamada "fiebre de Texas", el gobierno tuvo que tomar medidas. Se podía seguir llevando ganado de Texas a Kansas entre diciembre y febrero (cuando había menos contagios), pero no el resto del año. La fiebre de Texas fue una de las razones por las que el Camino de Chisholm empezó a usarse con menos frecuencia.

El Gran Camino del Oeste

Justo cuando el Camino de Chisholm estaba cayendo en el olvido, surgió una nueva ruta ganadera. En 1874, John T. Lytle condujo 3,500 cabezas de ganado desde el sur de Texas hasta el fuerte Robinson, en Nebraska. Otros vaqueros siguieron sus pasos. Así nació el Gran Camino del Oeste, que se extendía desde el sur de Texas hasta Nebraska.

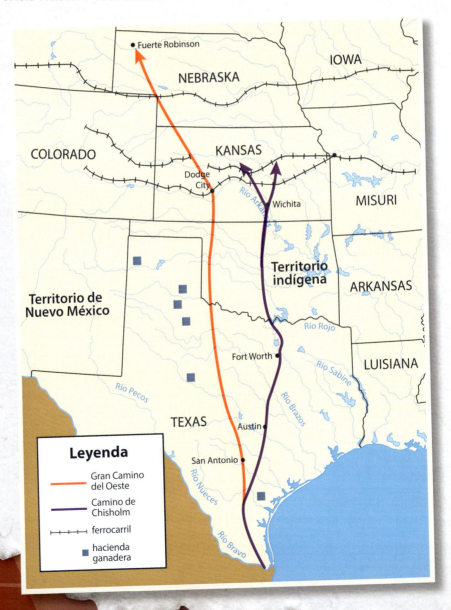

El Gran Camino del Oeste se extendía en paralelo al Camino de Chisholm, pero estaba más al oeste. Esta diferencia resultó ser muy importante.

Entre 1874 y 1875, el ejército estadounidense expulsó a los indígenas de las llanuras sureñas y los obligó a vivir en **reservas**. Los ganaderos se trasladaron rápidamente a la región conocida como el Mango de Texas, o el Texas Panhandle. El Gran Camino del Oeste estaba más cerca y resultó más conveniente que el Camino de Chisholm.

El Gran Camino del Oeste se utilizó hasta 1893. Para entonces, habían pasado por esa ruta entre tres y cinco millones de cabezas de ganado.

La guerra del río Rojo

En 1867, varias tribus de las Llanuras firmaron un **tratado** con el gobierno de Estados Unidos. Aceptaron trasladarse a reservas y, a cambio, el gobierno les daría alimentos e impediría que los colonos tomaran sus tierras. Sin embargo, el gobierno rara vez hizo cumplir el tratado. Los colonos invadieron las reservas y mataron a la mayoría de los bisontes que vivían allí. Las tribus dependían de los bisontes para alimentarse y abastecerse, por lo que quisieron abandonar las reservas. Además, se unieron a otras tribus para enfrentar a los cazadores de bisontes. Finalmente, el gobierno envió al ejército para detener a las tribus. Tras un año de lucha, la última de las tribus se rindió el 2 de junio de 1875 y fue obligada a vivir en la reserva. La guerra del río Rojo marcó el fin de la libertad para los indígenas de las Llanuras.

Un miembro de una tribu de las Llanuras hizo este dibujo sobre la guerra del río Rojo.

La vida de los vaqueros

En los arreos de ganado, se solían recorrer de 10 a 15 millas (16 a 24 kilómetros) por día, lo que podía llevar entre 25 y 100 días. No era fácil controlar el ganado durante los arreos. Los animales formaban largas filas y era difícil mantenerlos en su lugar. ¡Algunas filas llegaban a medir 6 millas (10 kilómetros) de largo! Para que el ganado avanzara en orden, los vaqueros rodeaban a los animales en diferentes puntos. Se comunicaban con sus compañeros haciendo señales con las manos, un método que habían tomado de los indígenas. También se hacían gestos con el sombrero.

Los vaqueros trabajaban en cuadrillas de unas 12 personas y manejaban entre 2,000 y 3,000 cabezas de ganado por viaje. Por lo general, una cuadrilla de 12 personas estaba formada por un caporal, un cocinero y otros 10 vaqueros, algunos de los cuales eran **arrieros**. Los vaqueros se encargaban de que los caballos estuvieran sanos y bien alimentados. Era un trabajo duro, ya que la mayoría de estos hombres tenían a su cargo más de cien caballos a la vez. Los arrieros mantenían el ganado en orden. Todos estos hombres tenían que ser muy hábiles como **jinetes**.

Ocupen sus puestos

Los *caporales* asignaban a los arrieros diferentes posiciones alrededor de la **manada**. El *jinete a la cabeza* cabalgaba delante de los animales y se ocupaba de que siguieran la dirección correcta. Los *jinetes de maniobra* iban en los lados donde había más ganado y perseguían a los animales que se salían de la línea. Los *jinetes de flanco* cabalgaban más atrás y ayudaban a los jinetes de maniobra a atrapar el ganado extraviado. Por último, los *jinetes de arrastre* iban detrás de la manada y la mantenían en movimiento. Esta última era la posición menos deseable, ya que esos jinetes se llenaban la cara de polvo.

Las vaqueras

Una de las vaqueras más exitosas de fines del siglo XIX fue Lizzie Johnson, que compró su propia manada y tuvo su propia **marca**. Se cree que fue la primera mujer que llevó su manada por el Camino de Chisholm.

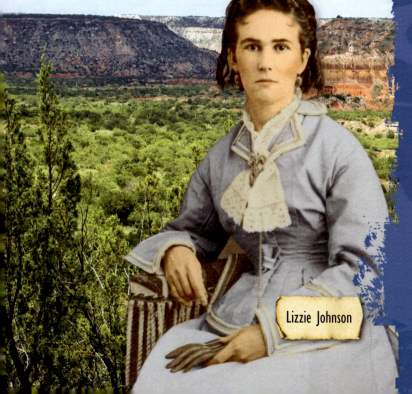

Lizzie Johnson

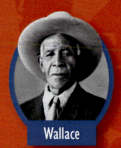
Wallace

Los vaqueros negros de Texas

Los vaqueros venían de diferentes sectores sociales. Algunos eran veteranos de la guerra de Secesión. Otros habían estado esclavizados. También hubo fugitivos que se convirtieron en vaqueros. Vinieran de donde vinieran, los vaqueros tenían que ser fuertes y resistentes para desempeñar su trabajo.

El ganadero Wallace

Daniel Webster Wallace nació de padres esclavizados. A los 17 años, se escapó y se unió a un arreo de ganado. Trabajó años para ahorrar lo suficiente y comprar su propia hacienda. Sus habilidades le ganaron el respeto de otros ganaderos. Cuando murió, en 1939, Wallace dejó una propiedad valuada en más de un millón de dólares (unos 18 millones en valores de hoy).

Nuevas generaciones

Cuando Cleo Hearn era joven, solo podía competir en los **rodeos** una vez que el público se había ido. Hearn quería honrar a los vaqueros negros de Texas y ofrecer a todos los niños las mismas oportunidades. Por eso, fundó el rodeo "Vaqueros de color". Hoy en día, cuenta con más de 200 vaqueros y vaqueras que compiten en rodeos del Sur.

Nat Love nació en condiciones de esclavitud y se convirtió en un famoso vaquero negro.

24

A fines del siglo XIX, una cuarta parte de los vaqueros que trabajaban en Texas eran afroamericanos. Muchos de ellos habían nacido en condiciones de esclavitud. Cuando los esclavizadores fueron a luchar a la guerra de Secesión, dejaron a las personas esclavizadas al cuidado del ganado y de los caballos. Esas personas aprendieron a administrar la tierra y a manejar enormes rebaños de ganado.

Tras la guerra de Secesión, muchos vaqueros negros encontraron trabajo en las haciendas donde habían estado esclavizados. Cuando empezaron los arreos de ganado a grandes distancias, los vaqueros negros fueron muy solicitados. Durante el viaje, a menudo recibían malos tratos por parte de los habitantes de los pueblos que atravesaban. Sin embargo, dentro de la cuadrilla, se les solía tratar con el respeto que merecían.

Los arreos de ganado eran peligrosos, y todos los vaqueros corrían riesgos. Sin embargo, los vaqueros negros enfrentaban muchos más obstáculos que sus compañeros blancos. Por eso, sus logros son más destacables.

Unos vaqueros tratan de frenar una estampida de ganado.

Peligros en el camino

Todos los vaqueros debían enfrentar duras condiciones durante los arreos de ganado. Debían dirigir las manadas sea cual fuere el estado del tiempo. En épocas de sequía, les costaba mucho encontrar agua para los animales y para ellos mismos. Cuando llovía mucho, se las ingeniaban para cruzar los ríos crecidos, con el riesgo de ahogarse. Los rayos y los truenos también podían causar problemas, ya que asustaban al ganado. A veces, se producía una **estampida**. Los animales, asustados, empezaban a correr y se dispersaban. No era raro que los vaqueros murieran pisoteados en el intento de reunir a la manada.

También surgían otros peligros durante el viaje. Por ejemplo, podían aparecer ladrones que atacaban a la cuadrilla para intentar robarse los animales. Además, los vaqueros tenían que estar atentos a las serpientes de cascabel. La mordedura de una serpiente de cascabel podía ser mortal si no se trataba adecuadamente.

serpiente de cascabel

Cuando los vaqueros se lastimaban o se enfermaban en el camino, tenían que recurrir a remedios caseros. En el siglo XIX, si una serpiente cascabel mordía a una persona, le cortaban la piel alrededor de la herida. Luego apretaban la herida para quitar el veneno o lo succionaban. Para otras lastimaduras, los vaqueros se aplicaban un **fomento** a base del fruto del nopal. Y para mantenerse saludables, ¡bebían jugo de carne de bisonte!

¡Estampida!

Para frenar una estampida, el vaquero que estaba más al frente de la manada cabalgaba delante de los animales y los hacía doblar hacia la derecha. Los demás vaqueros intentaban lo mismo hasta que la manada empezaba a correr en círculo. En ese momento, los vaqueros comenzaban a cerrar el círculo hasta que al ganado no le quedaba otra opción que reducir la velocidad.

un grupo de trabajadores ferroviarios en 1886

La expansión ferroviaria

Gracias a la construcción de ferrocarriles después de la guerra de Secesión, el servicio de ferrocarriles llegó a nuevos territorios. La expansión ferroviaria transformó el Oeste. Surgieron nuevos pueblos, y otros fueron desapareciendo a medida que se construyeron más vías por todo el país.

El fin de una era

Los arreos de ganado no perduraron como parte importante de la economía del Oeste. Los problemas comenzaron con la fiebre de Texas en la década de 1850. Parte del ganado de Texas padecía una enfermedad mortal que podía contagiar a otros animales. Por eso, en algunos estados se prohibió la entrada del ganado texano. A fines de la década de 1880, los viajes se volvieron muy peligrosos debido a una serie de inviernos crudos. Con la expansión de los ferrocarriles, ya no era necesario conducir el ganado a los mercados más alejados. Se podía enviar la carne a otros estados en vagones refrigerados.

Los vaqueros arrean ganado *longhorn* hacia un vagón de tren.

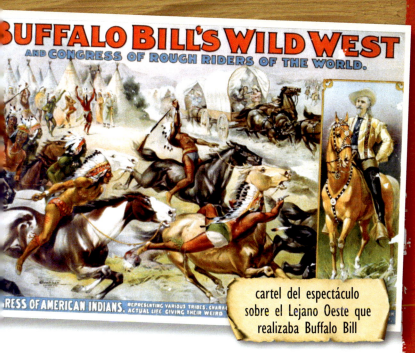

cartel del espectáculo sobre el Lejano Oeste que realizaba Buffalo Bill

El Lejano Oeste

En 1883, William F. Cody, conocido también como Buffalo Bill, montó un espectáculo llamado "El Lejano Oeste de Buffalo Bill". Actuaban famosos vaqueros, vaqueras e indígenas norteamericanos. El grupo recorrió todo Estados Unidos exhibiendo sus increíbles destrezas.

En la década de 1900, ya había pasado la hora en que los vaqueros recorrían los campos a caballo. Algunos empezaron a participar en espectáculos sobre el Lejano Oeste. Allí mostraban sus destrezas para entretener al público. Con el tiempo, esas presentaciones se convirtieron en espectáculos de rodeo. Así es como el **legado** de los vaqueros sigue vivo en el Sur.

El alambre de púas

El uso generalizado del alambre de púas desde la década de 1880 también llevó al fin de los arreos de ganado. El alambre de púas dividía los terrenos. El ganado ya no podía atravesar libremente los caminos cercados por alambrados.

espectáculo de rodeo hoy

alambre de púas

Glosario

antiesclavistas: personas que están en contra de la esclavitud

arreos: los actos de reunir animales en un grupo para llevarlos de un lugar a otro

arrieros: vaqueros que se ocupan de trasladar el ganado

auge: el período de crecimiento o expansión de una actividad económica

baja: una persona muerta, capturada o herida en una guerra

brecha: una diferencia entre dos cosas o dos grupos por la falta de unión

cabeza de ganado: cada animal que se cría en una granja o hacienda

cuerno: una pieza de cuero que sobresale de la parte delantera de algunas monturas

deserción: la acción de abandonar el ejército sin autorización y sin la intención de regresar

emancipados: liberados de la esclavitud o del dominio de alguien

endeudarse: deberle algo a otro

estampida: un suceso en el que un grupo grande de animales asustados o agitados comienzan a correr juntos de manera salvaje y descontrolada

federal: relacionado con el gobierno central de un lugar

fomento: una sustancia blanda, generalmente caliente, que se coloca sobre un paño y se aplica sobre la piel para aliviar el dolor o curar heridas

haciendas: terrenos de gran tamaño donde se practica la agricultura o la ganadería

jinetes: personas que montan a caballo

legado: algo que sucedió en el pasado o viene del pasado

manada: un grupo de animales o un rebaño de ganado

marca: una señal distintiva que se graba a fuego en la piel de un animal para mostrar a quién pertenece

misioneros: personas enviadas al extranjero para hacer trabajo religioso

prebélica: anterior a la guerra de Secesión de Estados Unidos

punto muerto: una situación en la que ninguna de las partes puede ganar o tomar ventaja

regimientos: unidades militares formadas por varios grupos grandes de soldados

reservas: terrenos de Estados Unidos que se separan para que allí vivan tribus indígenas

rodeos: deportes que consisten en montar a pelo caballos salvajes y hacer ejercicios, como arrojar el lazo

salva: un saludo o una demostración de respeto que hace un ejército disparando armas de fuego

se replegaron: se retiraron las tropas

secesionistas: que favorecen la separación de una unión o entidad política

tratado: un acuerdo oficial que se realiza entre dos o más grupos o países

Índice

Academia Militar de Estados Unidos en West Point, 15

alambre de púas, 29

aparcería, 15

Appomattox Court House, 12

arrieros, 23

batalla de Antietam, 10–11

batalla del fuerte Sumter, 9

Buffalo Bill, espectáculo del Lejano Oeste de, 29

Camino de Chisholm, 18–21, 23

caporales, 17, 23

carreta *chuck wagon*, 17

Chisholm, Jesse, 18–19

cocineros, 17, 23

Cody, William F., 29

Compromiso de 1850, 5

discurso de Gettysburg, 13

Estados Confederados de América, 8

estampida, 26–27

ferrocarril, 18–20

fiebre de Texas, 19, 28

Flipper, Henry O., 15

Goodnight, Charles, 17

Gran Camino del Oeste, 20–21

Grant, Ulysses S., 13

guerra de Secesión, 5, 8–9, 13, 14, 16, 19, 24–25, 27

guerra del río Rojo, 21

Hearn, Cleo, 24

Hough, Daniel, 9

Johnson, Lizzie, 23

Lee, Robert E., 10–13

Ley de Esclavos Fugitivos, 5

Lincoln, Abraham, 8–11, 13

Love, Nat, 24

Lytle, John T., 20

Mead, James R., 18

mestizos, 7

Proclamación de Emancipación, 10–11

reata, 6–7

Reconstrucción, 14–16

rodeo "Vaqueros de Color", 24

soldados búfalo, 15

Unión, 4–5, 8–13, 19

vaqueros mexicanos, 6–7

vaqueros negros de Texas, 24–25

Wallace, Daniel Webster, 24

¡Tu turno!

Tras la guerra de Secesión, muchos hombres salieron adelante trabajando como vaqueros. Los vaqueros que arreaban ganado trabajaban muchas horas, y un viaje podía durar meses. Se ocupaban de que el ganado no se dispersara, estaban atentos a los ladrones, mantenían a los caballos saludables y bien alimentados, aplicaban remedios y cocinaban.

Diseña un anuncio de trabajo para un próximo arreo de ganado. El cartel debe enumerar las ventajas de ser parte de un arreo de ganado y las diferentes oportunidades que tendrán los postulantes interesados.